CATALOGUE (N° 165)

D'ESTAMPES

MODERNES

LITHOGRAPHIES

Par V. Adam, Daumier. Dillon, Gavarni, J.-J. Grandville, Eug. Lami,
L. Legrand, Lunois, Manet, Henri Monnier,
Pigal, O. Redon, Swebach, Carle et H. Vernet, Willette, etc.

ŒUVRES DE CHARLET

COSTUMES MILITAIRES, MODES, PORTRAITS, VUES

Eaux-fortes

DESSINS DE STEINLEIN ET AUTRES

AFFICHES ILLUSTRÉES

Caricatures sur le Siège et la Commune de Paris, 1870–1871

LITHOGRAPHIES ET GRAVURES EN LOTS

DONT LA VENTE AURA LIEU

HOTEL DES COMMISSAIRES-PRISEURS, RUE DROUOT

Salle N° 8.

Le Mercredi 25 Janvier 1899

à deux heures précises.

Par le ministère de M° **MAURICE DELESTRE**, commissaire-priseur
Rue Saint-Georges, n° 5.

Assisté de **M. DUPONT Aîné**, marchand d'Estampes, Rue de Seine, N° 15.

Paris — 1899.

CONDITIONS DE LA VENTE

Elle sera faite au comptant.

Les Acquéreurs paieront cinq pour cent en sus du prix d'adjudication.

M. Dupont se réserve la faculté de réunir ou de diviser les lots.

L'Ordre du Catalogue sera suivi.

VENTE DU MERCREDI 25 JANVIER 1899

HOTEL DROUOT, SALLE N° 8.

ESTAMPES

MODERNES

LITHOGRAPHIES

Œuvres de Charlet

COSTUMES MILITAIRES, MODES, PORTRAITS, VUES

EAUX-FORTES

DESSINS DE STEINLEN ET AUTRES

AFFICHES ILLUSTRÉES

Caricatures sur le Siège et la Commune de Paris

LITHOGRAPHIES ET GRAVURES EN LOTS

<table>
<tr><td>Me MAURICE DELESTRE
COMMISSAIRE-PRISEUR
5, Rue St-Georges, 5</td><td>M. DUPONT Aîné
MARCHAND D'ESTAMPES
15, Rue de Seine, 15</td></tr>
</table>

DÉSIGNATION

ESTAMPES MODERNES

ADAM (V.)

1 — Passetemps. — Caprices. — Sujets militaires. — Diable de Paris. — Voitures. 37 p. en noir et coloriées.

BAUDE (H.)

2 — Sur le paquebot, d'après Steweek. — Le Retour d'après Haquette. — Portrait de femme. — Têtes d'enfants d'après Dehaisne. 5 p., épreuves d'artiste sur chine et sur japon, dont 2 avec dédicace signée.

BELLANGÉ (H.)

3 — Sujets militaires. 12 p.

BOILVIN, B. CONSTANT, C. DURAN

4 — A Metz. — Souvenir de Tanger. — Portrait de femme ; eaux-fortes originales. 3 p., épreuves d'artiste.

BONINGTON (R. P.)

5 — Rue du Gros-Horloge, à Rouen. – Tour du Gros-Horloge, à Evreux. — Tour aux Archives, à Vernon. 3 p., très belles épreuves sur chine.

BOUCHOT

6 — Fables de La Fontaine, in-4. 6 p. coloriées, toute marge.

BOUTET (Henri)

7 — Essai du corset. — Petits costumes. 4 p. avant la lettre sur chine.

BRUNET-DEBAINES

8 — Idylle, d'après Français. Très belle épreuve avant la lettre.

9 — Paysages et vues d'après Corot, Rousseau et autres. 9 p., la plupart en épreuves d'artiste.

CABANEL (d'après)

10 — Portrait de Hippolyte Le Bas, architecte, par Deveaux. — Le docteur Demarquay, par Levasseur, in-fol. 2 très belles épr. d'artiste.

CARICATURES

11 — Caricatures publiées chez Martinet et autres tirées du *Charivari*. 34 p. en noir et coloriées.

12 — Caricatures, Costumes, etc. 43 p. en noir et coloriées, dont un dessin de Grandville.

CARRÉ (J.)

13 — Les Forgerons. Épreuve d'artiste sur chine, imprimée en bistre. Signée.

CARRIÈRE

14 — Tête d'homme avec barbe, tourné à droite. — Tête de femme de face, in-fol. 2 lithographies avant toute lettre sur chine.

CATTELAIN (Ph.)

15 — Une pensée, d'après Prudhon. — Portrait de M. Daunay, architecte. 2 p., épreuves d'artiste.

CHAM et VERNIER

16 — Les Cosaques pour rire. — Souvenirs de garnison, 33 p., belles épreuves coloriées.

CHAMPOLLION, CHAUVEL, etc.

17 — La Barque. — Marocains jouant avec un vautour. — Portrait d'Ulysse Butin. — Sous le Directoire. 4 p., très belles épreuves grand papier.

CHAPLIN (Ch.)

18 — Sujets gravés à l'eau-forte ou lithographiés. 14 p.

CHARLET

19 — Œuvre de Charlet composé de neuf cent six pièces, très belles épreuves parmi lesquelles beaucoup de pièces désignées comme rares et très rares dans le Catalogue Lacombe. Cet œuvre sera vendu dans son entier.

DÉSIGNATION SOMMAIRE :

Portraits de Charlet. 8 p.
Recueil de sujets gravés à l'eau-forte. 23 p.
Portraits de Napoléon. (Lac. 8-18). 9 p.
Pièces imprimées chez Lasteyrie (19-52). 17 p.
Pièces imprimées chez Delpech (53-91.) 32 p.
Pièces imprimées chez Motte (92-109). 10 p.
Costumes militaires imprimés chez Lasteyrie (110-126). 7 p.
Costumes militaires à la plume (127-154). 2 p.
Dragon et Grenadier (155-156). 2 p.
Costumes de la Garde impériale (157-186). 28 p.
La Vieille Armée française (187-201). 7 p.
Costumes à la plume (202-203). 2 p.
Carabinier-Voltigeur (204-205). 2 p.
Costumes de la Garde Nationale (206-208). 3 p.
L'Empereur et la Garde impériale (218-264). 42 p.
Pièces détachées (265-360). 82 p.
Griffonnements. — Pièces non terminées. (361-436). 46 p.
Pièces faites en collaboration. — Pièces tirées de divers recueils. — Vignettes pour Romances (437-503). 54 p.
Croquis à l'usage des petits enfants. (504-514). 10 p.
Croquis lithographiques, 1823 (515-533). 16 p.
Croquis lithographiques, 1824 (534-549). 16 p.
Cahier de fantaisies. 1824 (550-554). 5 p.
Fantaisies (555-589). 34 p.
Album lithographique. 1825 (590-609). 19 p.
Sujets divers lithographiés. 1825 (610-619). 9 p.
Album lithographique, 1827 (620-640). 21 p.
Croquis lithographiques à l'usage des enfants, 1826 (641-658). 19 p.
Album lithographique, 1827 (659-682). 20 p.
Album lithographique, 1828 (683-706). 23 p.
Croquis et pochades à l'encre (707-725). 20 p.
Album lithographique, 1829 (726-743). 18 p.
Album lithographique. 1830 (744-761). 17 p.
Fantaisies, 1831 (762-777 et 778-782). 22 p.
Album lithographique. 1832 (783-794). 13 p.
Fantaisies. 1832 (795-798) 4 p.
Souvenirs de l'armée du Nord. 1833 (799-819). 21 p.
Album lithographique. 1834 (820-839). 19 p.
Album moral et philosophique. 1835 (840-866). 26 p.
Album lithographique. 1836 (868-883). 13 p.
Album. 1837 (884-899). 15 p.
Croquis. 1837 (900-912). 13 p.
Vie civile, politique et militaire du caporal Valentin (913-965). Un album cart. contenant 52 p.
Croquis à la manière noire (966-985). 20 p.
Croquis à l'estompe et au lavis (986-999). 8 p.
Suite de dessins à la plume (1001-1060). 57 p.

20 — Un autre Œuvre de Charlet composé de quatre cent soixante-quatorze pièces, la plupart en très belles épreuves.

21 — Lithographies tirées de la série des Albums. 1 vol. cart. contenant 115 planches.

22 — Lithographies diverses, dont plusieurs rares. 28 p.

23 — Lithographies et gravures d'après Charlet. 93 p.

CICERI (Eug.)

24 — La Chine et les Chinois, in-fol. 24 planches.

COLETTE

25 — Sujets tirés du *Monde dramatique*. 140 p. en nombre.

COROT (d'après)

26 — Paysages, par Leterrier. 2 p., très belles épreuves avec remarques sur japon.

COSTUMES DE MODES

27 — Petit Courrier des dames et Costume parisien, 1824-1827, in-8. 4 vol. contenant 365 p. coloriées.

COSTUMES MILITAIRES

28 — The British army, par Hester, d'après Orlando Norie, grand in-fol. Très belle épr. en couleur.

29 — Costumes militaires anciens. 19 p. coloriées.

30 — Costumes militaires 43 p. en noir et coloriées.

31 — Sujets militaires, batailles, etc. 45 p.

DAUBIGNY et TRIMOLET

32 — Inauguration de la colonne de la Bastille et Translation des cendres des victimes de la Révolution de 1830, in-fol. Très belle épreuve. Rare.

DAUMIER

33 — Portraits-charges. 47 p., belles épreuves.

34 — Portraits-charges. 29 p., avec le texte au verso.

DAVID (L.)

35 — La Garnison hollandaise défilant après la reddition de la citadelle d'Anvers, d'après le duc d'Orléans, in-fol. Très belle épreuve sur chine, coloriée. Rare.

DELAUNAY

36 — Paris pittoresque. 31 p., la plupart avant la lettre.

DESMOULIN et MASSARD

37 — Portrait de Victor Hugo, in-fol. 2 p., très belles épreuves sur chine.

DÉVERIA et JOHANNOT

38 — Suite de 42 fig. pour les Œuvres de Rousseau, lettres grises. — 12 vignettes pour les Œuvres de lord Byron. — 13 fig. pour les Mille et une Nuits. Ensemble 67 p.

DILLON

39 — A la Place du Trône. — Les Ballons. — Le Feu d'artifice. — Feuille japonaise. 4 p. sur chine.

DUMARESQ (Arm.)

40 — Vignettes gravées à l'eau-forte pour *Souvenirs d'un Soldat*, in-12. 18 épreuves d'essai dont plusieurs doubles.

FLAMENG (L.)

41 — Portraits de Rembrandt et de sa femme. 5 p., très belles épreuves d'artiste sur japon.

GAILDRAU (J.)

42 — Baptême de S. A. le Prince impérial, le 14 juin 1856, grand in-fol. Très belle ép. sur chine. Rare.

43 — Costumes. Environ 100 p. en noir et en couleur ; en nombre.

44 — Costumes et décors d'Opéra. Environ 200 p., plusieurs doubles.

GAUTIER (Lucien)

45 — Vues de Venise. — Pont de Broocklin à New-York. — Bataille de sauvages en Amérique, grand in-fol. 4 p., dont deux avant la lettre.

GAVARNI

46 — Musiciens comiques ou pittoresques. — Physionomies des chanteurs. 26 p., dont 16 avant la lettre.

47 — Lithographies tirées de l'*Artiste*, du *Carrousel*, du *Monde dramatique*, etc. 56 p.

GÉRY-BICHARD

48 — Le Sabbat. Eau-forte avec dédicace signée.

GŒNEUTTE (Norbert)

49 — Chanteuse ambulante. Très belle épr. d'artiste.

50 — Jeune femme regardant Paris des hauteurs de Montmartre. Très belle épreuve d'artiste sur japon.

51 — Jeune femme debout, enveloppée dans une grande pelisse. Épreuve d'artiste sur japon. Rare.

52 — Le Chant. — La lettre. 2 p., très belles épreuves d'artiste.

53 — Intérieur d'une bergerie. Très belle épreuve, avec remarques sur japon blanc.

GŒNEUTTE et FORAIN

54 — Fête de femme endormie ; eaux-fortes. — Vues de Rouen et de Bruxelles, lithographies. 6, p., épreuves d'artiste.

GRANDVILLE (J.-J.)

55 — La Métempsycose réalisée. 14 p., très belles épreuves coloriées, toute marge.

56 — Tribulations. — Principes de grammaire, etc. 9 p. coloriées, grandes marges.

57 — Sujets tirés du journal *la Caricature*. 15 p. en noir et coloriées.

GRANDVILLE, GAVARNI, TRAVIÈS

58 — Lithographies et gravures sur bois. Environ 50 p.

HECHT (W.)

59 — Portrait d'homme, in-fol. Belle épreuve d'artiste sur japon.

HÉDOUIN (Edm.)

60 — Son portrait par Duvivier. — Le docteur Escalier, Edgar-Quinet, Rossigneux père, etc. 7 épr. d'artiste dont 2 à l'eau-forte pure.

HENRIQUEL-DUPONT

61 — Portraits de Buttura, André Chénier, le comte de Montalivet, le baron Sellière, Mme de Mirbel. 5 p., belles épreuves.

INGRES

62 — Odalisque ; lithographie originale. Très belle épreuve, toutes marges.

ISABEY et C. NANTEUIL

63 — Lithographies tirées des Artistes anciens et modernes. 13 p.

JACOTT (J)

64 — Les Péchés capitaux, d'après Yvon. Suite de 7 p. grand
in-fol. Très belles épreuves avant la lettres. Signées.

JACQUE (Ch.)

65 — Eaux-fortes et lithographies. 8 p. avant et avec la lettre.

JAZET

66 — La Braconnier pris, d'après William Kidd. — Le doigt
coupé, d'après Wilkie. 2 p.

JEUX

67 — Tarots. — Cartes à jouer. 3 pl. Rares.

KILBURNE

68 — Le Départ. — Le Renseignement : sujets de chasse. 2
ép. de remarque sur japon.

LAMI, MONNIER, etc.

69 — Voiture, Récréations, Caricature, etc. 6 p. coloriées.

LAMOTTE (A.)

70 — Portraits d'hommes et de femmes, in-8. 9 p. avant la
lettre sur chine.

LEGRAND (Louis)

71 — Le Fils du charpentier. Très belle pièce à l'aquatinte ;
épreuve d'artiste signée. Encadrée.

LUNOIS

72 — Jeune femme debout, tenant une feuille de musique.
Epreuve d'artiste imprimée en couleur. — Plus une épr.
en noir non terminée.

73 — Baile de Flamenco à Séville, en deux états. — Jeune
femme ouvrant une porte. — Portrait de l'abbé Bossuet.
4 p., dont trois en couleur sur japon.

MANET

74 — Son portrait, par A. Masson. — Portrait de femme coiffée
d'un chapeau, in-4. 2 p. avant la lettre.

75 — Mlle Morizot, lithographie. Epreuve d'artiste sur chine.

76 — Mort de Maximilien à Queretaro. Epreuve d'artiste.

77 — La Barricade. Epreuve d'artiste sur chine.

78 — Les Courses. Epreuve d'artiste sur chine.

MARE (de)

79 — Triomphe de Galathée. — Peintures de la Farnésine, d'après Raphaël.— Portrait de l'explorateur Stanley. 14 p. avant la lettre.

MARIN-LAVIGNE

80 — Portrait de Lemercier, imprimeur, en pied. Epr. d'artiste, sur chine. Rare.

MARTINET (chez)

81 — Caricatures et costumes. 12 p. coloriées.

MASSON (A.)

82 — Portrait de Gustave Courbet, in-4. Très belle épreuve d'artiste sur chine.

MAUROU (P.)

83 — Besogne faite, d'après Bail. — Vignettes pour les Œuvres de Victor Hugo. 3 p., épreuves de remarque et d'artiste sur chine et sur japon.

MEISSONNIER (E.)

84 — Polichinelle, tourné à droite. Belle épreuve tirée sur papier ancien.

MEISSONNIER (d'après)

85 — Le Graveur, par Rajon. Très belle épreuve avant toute lettre sur hollande.

86 — La Halte, par Flameng. — Le Liseur, par Jacquemart. — Le Peintre d'enseignes, par Margelidon. — La Chanson, etc. 7 p. avant et avec la lettre.

MESPLÈS (E.)

87 — Danseuses. 2 lithographies avant toute lettre sur chine.

MILLET (d'après)

88 — La Baratteuse, par Kratké, in-fol. Très belle épreuve avec remarque sur japon. Signée.

MONGIN (A.)

89 — Le Récit, d'après Cecchy. Belle épreuve avec remarque sur hollande.

MONNIER (Henry)

90 — Répertoire du Théâtre de Madame, in-12. Suite complète de 3 pièces coloriées, toute marge. Avec la couverture.

91 — Jadis et Aujourd'hui. 14 p. très belles épreuves coloriées, marge.

92 — Grisettes. 9 p. très belles épreuves coloriées.

93 — Mœurs parisiennes. — Vues de Paris. — Le Temps. — Théâtre du Vaudeville, etc. 9 p. coloriées.

NANTEUIL (Célestin)

94 — La Jolie fille de la Garde ; eau-forte originale grand in-fol. Très belle épreuve. Rare.

OLLENDON (C. d')

95 — Le Buveur. Très belle épreuve avec remarque sur chine.

PIGAL, PHILIPPON, etc.

96 — Scènes de mœurs. 12 p. coloriées.

PIGAL et J. SCHEFFER

97 — Scènes de Société. — Scènes populaires. 2 albums contenant 66 p. coloriées, très belles épreuves.

PORTRAITS

98 — Portraits de Sarah Bernhard, Mlle Reichemberg, St-Germain, acteur, Victor Hugo, Gambetta, Grévy, Em. de Girardin, Alb. Joly, par Abot, in-8. 8 p., très belles ép. d'artiste.

99 — Portraits d'actrices et autres par Abot et Lalauze, in-8. 10 p. avant et avec la lettre.

100 — Portraits de femmes. 14 p. avant et avec la lettre.

101 — Classiques et auteurs modernes, in-8. 53 p. avant la lettre sur chine, sur blanc et sur japon.

102 — Grands portraits modernes par divers graveurs, in-fol. 13 p., la plupart avant la lettre.

103 — Portraits divers lithographiés. 24 p.

104 — Bossuet, par Bertonnier. — Napoléon III, Eugénie, par Pollet.— Massillon, par Dequevauviller.— Chateaubriand. in-4. 60 p., la plupart avant la lettre, en nombre.

105 — Mme de Mondonville, par Lalauze, et autres portraits d'après La Tour. 10 p. avant la lettre.

106 — Mme Liais, par Goutière. — Larochelle, acteur, par Blaisot. 11 p. avant et avec lettre, en nombre.

107 — Portraits du duc de Montebello, par Salmon. — Corot. Pie IX, par Le Roy. 16 p. en nombre.

108 — Portraits de personnages orientaux, par Ramus et Lamotte. 28 p. avant la lettre, plusieurs doubles.

109 — Portraits divers, la plupart modernes. 78 p.

RAFFET

110 — Retraite de Constantine. — Siège d'Anvers. 17 p., belles épreuves.

111 — Siège de Rome. — Voyage en Russie. 33 p.

REDON (Odilon)

112 — Illustrations pour *le Juré*, de Edmond Picard, in-fol. Suite complète de 7 p. sur chine, hors texte. (Tiré à 20 ex.). Avec la couverture.

113 — La Tentation de St-Antoine, texte par G. Flaubert, in-fol. Suite de 10 p. avec la couverture.

114 — Hommage à Goya. Suite de 6 lithographies, sur chine. Tirées à 50 ex.

RÉGAMEY (Fréd.)

115 — Portrait de M. Aglaüs Bouvenne ; lithographie in-fol. Belle épreuve sur chine. Rare.

RENOUARD (P.)

116 — Gambetta sur son lit de mort ; eau-forte, in-fol. Epreuve
d'artiste sur chine. Avec dédicace signée.

RENOUARD, ROEDEL

117 — Caresses. — Feuille de croquis. — Têtes d'enfants.
4 p., épreuves d'artiste sur chine.

RIBOT

118 — Son portrait. — Faust. — L'Ecole. 3 p. avant la
lettre.

SANG (F. J)

119 — Marines ; eaux-fortes originales. 4 p. avant la lettre.
— Plus 2 dessins signés.

SÉZANNE et P. AVRIL

120 — Le Lac. — Le Canal. — La Neige. — Le Marais, etc.
— Frontispice. 36 p., héliogravures en noir et en couleur,
quelques doubles.

SOMM (Henry)

121 — La femme à l'éventail. — Têtes de femmes. 4 p.,
épreuves d'artiste signées.

SWÉBACH

122 — Chasses et scènes équestres. — Sujets militaires. —
Macédoines. 36 p., très belles épreuves sur blanc et sur
chine.

TOUSSAINT (H.)

123 — Au bord de la mer, d'après Louise Abbéma. Très belle
épreuve d'artiste sur japon.

124 — Portraits d'auteurs modernes ; in-8. 16 p. avant la
lettre et à l'eau-forte pure.

VALLOTTON (F.)

125 — La Modiste. Epr. avant la lettre sur japon.

VATOUT (J.)

126 — Histoire du Palais-Royal, in-fol. 37 planches sur chine,
avec texte.

VERNET (Carle)

127 — Cris de Paris. 22 p. en noir et coloriées.

VERNET (Carle et Horace)

128 — Scènes militaires. — Sujets de chasse. — Fables de Lafontaine. 3 albums contenant 119 p., très belles épr.

VUES

129 — Voyage pittoresque dans les Pyrénées françaises, ou collection de 72 gravures représentant les sites et les monuments les plus remarquables du pays Basque, de la Navarre, du Béarn, etc., d'après les dessins de M. Melling. Paris, Treuttel et Wurtz, 1826-1830, in-fol. obl. Très bel exemplaire en feuilles, dans un carton. Les planches ont été gravées à l'aquatinte par Piringer, Salathé et autres.

130 — Vues de Paris et de France, par Delaunay, Saffrey et autres. 38 p., la plupart avant la lettre.

131 — Vues de Paris et de France, lithographiées. 47 p.

132 — Vues de Paris et de France, paysages, gravures sur bois. 36 p.

133 — Vues de Versailles. 28 p.

134 — Vues étrangères, in-fol. 18 p. lithographiées.

WAGNER (T. P)

135 — Tête d'homme de face. — Tête de vieille femme. — Deux syrènes. — Têtes de mineurs. 4 p., belles épreuves d'artiste sur chine.

WILLETTE

136 — Ohé les mœurs ! Suite complète de 10 vignettes de chansons, in-4. Très bel exemplaire avant la lettre sur japon (n° 42). Avec la couverture.

DESSINS DE STEINLEIN ET AUTRES

STEINLEIN

137 – Les Suiveurs. Très beau dessin à la pierre noire rehaussé de pastel, signé. Encadré.

138 — Au Luxembourg. Beau dessin à la plume et au crayon bleu ; signé. Encadré.

139 — A la foire du Trône. Beau dessin à la pierre noire et au crayon bleu, signé. Encadré.

140 — Le Semeur. Dessin à la plume et au crayon bleu ; signé. Encadré.

141 — Les Gosses. Dessin à la pierre noire rehaussé de bleu ; signé. Encadré.

142 — On rend les cadeaux. Dessin à la pierre noire rehaussé de bleu. Signé.

143 — Procès-Verbal d'un interrogatoire. Dessin à la pierre noire et au crayon bleu. Signé.

144 — Mie de pain. Dessin à la pierre noire. Signé.

145 — Une Visite. Dessin à la pierre noire. Signé.

146 — Les Balayeurs. Dessin à la plume. Signé.

BALLURIAU (Paul)

147 — Illustrations de romans et Scènes de mœurs, publiés dans les Journaux illustrés, in-fol. 115 dessins à la pierre noire pour la plupart et rehaussés au crayon bleu. (Onze lots).

CARUCHET, GERBAULT, LÉANDRE

148 — Nymphe des Eaux. — La Danse. — Les Demi-Vierges. — Les Décorés. 4 dessins à la plume et à la pierre noire. Signés.

GUILLAUME, TESTEVUIDE, etc.

149 — Scènes de mœurs et de romans. 10 dessins à la plume et crayons de couleur. Signés.

LUCAS (Ch.)

150 — La Plainte des corsets. Joli dessin à la mine de plomb.
Signé.

Affiches illustrées

151 — **Beaucé** (V.). Les Trois Mousquetaires. — Histoire
des Missions catholiques. 2 p.

152 — **Bertall**. Paul et Virginie. — Trésor des Fèves et
fleurs des Pois. — La Bouillie de le Comtesse Berthe. —
Paris dans l'eau. 4 p., belles épreuves.

153 — **Cham**, Henri **Monnier**, **Penguilly**, etc. Parodie
du Juif errant. — Les Industriels. — Les Caractères de la
Bruyère. — Comme on dine. — L'Art de fumer. — La
Chassomanie. 6 p.

154 — **Coindre** (V.). La Fiancée du Diable. — Jenny Bell.
— La Dame de pique. — Jaguarita l'indienne. — Yvonne.
— L'Opéra au camp. 6 p. en noir et en couleur.

155 — **Emy** (Henry). La Grande ville. — Les Prisons de
l'Europe. — Histoire de l'Armée et de tous les régiments.
— Les Vêpres siciliennes. — Marco Spada. — Manon
Lescaut. — La France musicale. 7 p. en noir et en couleur.

156 — **Farcy, Moynet, Pastelot**. Chansons nationales de
France. — Le Parfait fermier. — Strophes et chansons
politiques. — Pratiques secrètes de Mlle Lenormand. —
Edition illustrée de Racine. — La Comédie à cheval. —
Les Environs de Paris. 7 p.

157 — **Gaildrau**. Affiche des *Sept péchés capitaux*, le
Voyage dans la lune, La Scène, in-fol. 4 p. avant la lettre,
dont 3 en couleur.

158 — **Gavarni**. Philosophie de la Vie conjugale. — Le Juif
errant. 2 p., très belles épreuves. Rares.

159 — **Gigoux** et **Staal**, Gil Blas. — Voyage où il vous plaira.
— Les Femmes mythologiques. 3 p., très belle épr.

160 — **Grandville** (J. J.). Vie privée et publique des Animaux. — Un autre monde. — Fables de Florian. 4 p.

161 — **Guillaume**. Au Quartier latin. Très belle affiche, épreuve d'artiste en couleur.

162 — **Porret** (H.). Affiche de Debureau, en pied, d'après J. Gaildrau. Belle épreuve. Très rare.

163 — **Rambert, Vernier, Guilbert**. Les Prisons de Paris. — Histoire de la Garde impériale. — Les Bagnes. — Histoire de la Bastille. — Mémorial de Sainte-Hélène. 5 p. en noir et en couleur.

164 — **Divers**. Werther. — L'Ami des enfants. — Histoire pittoresque des Religions. — Voyage autour du Monde. 4 p., très belles épreuves.

165 — Affiches par Leray, Chatinière et autre, gr. in-fol. 3 p. épreuves d'artiste.

166 — Affiches de Romans : Les Mystères de Paris, Mathilde, le Comte de Bragelonne, Camille, Brigands et bandits, le Fils du diable, le Véloce. 7 p.

167 — Silvio-Pellico. — Éducation maternelle, par Mme Tastu. — Le Plutarque français. — Rome ancienne et moderne. — Les Veillées du Sergent, etc. 7 p.

168 — Affiches d'Almanachs et de Calendriers publiés par Pagnerre et autres. 23 p. la plupart en couleur.

169 — Affiches diverses. 11 p.

CARICATURES

sur le Siège de Paris et la Commune.

170 — **Cham**. Les Folies de la Commune. 1 album de 20 p. coloriées.

171 — **Cham** et **Daumier**. Album du Siège de Paris. 39 planches, br.

172 — **Demare** (H.). Communardiana. — Nos impôts. — Binettes parisiennes. — Actualités. 60 p. coloriées.

173 — **Draner**. Paris assiégé. — Les Soldats de la Républi-
que. — Souvenirs du Siége de Paris. 3 albums cart. contenant 96 p. coloriées.

174 — **Faustin**. Les nouveaux impôts. — Paris bloqué. —
Tableau de Paris.— Les Hommes du jour.— Les Femmes
de Paris assiégé. — Nos grrands généraux. 77 p., presque
toutes coloriées.

175 — Figures contemporaines. — Les Gens d'Eglise. — Actu-
alité. — Caricatures sur Napoléon III, etc. 144 p., la plupart coloriées.

176 — **Frondas** (de) et A. **Lévy**. Marrons sculptés. — Bé-
guins et béguines. — Caricatures sur Napoléon III et
autres. 115 p. presque toutes coloriées.

177 — **Klenck** (P.). La Commune. — Panorama comique.
— Les Valets de l'Empire.— Panorama anti-bonapartiste.
— La Calotte, etc. 214 p. presque toutes coloriées.

178 — **Le Petit** (Alfred). Les Hommes de la Commune. —
Fleurs, fruits et légumes du jour. — Journal *la Charge*,
etc. 125 p., la plus grande partie coloriées.

179 — **Moloch**. Paris dans les caves. — Les Silhouettes de
1871. — LL. Ex. les Automédons.— Les Fils de Cerbère.
In-4. 4 suites, ensemble 109 p. coloriées.

180 — Actualités. — Les Binettes du jour. — Badingoscope,
etc. 60 p., dont quelques-unes en noir.

181 — **Pilotell**. Actualités. — Croquis révolutionnaires,
etc. 59 p. en noir et coloriées.

182 — **Divers**. — Les Signes du Zodiaque, par Nérac. —
Marrons sculptés. par de Frondas. — Types du jour. —
Actualités. 152 p., la plupart coloriées.

183 — La Ménagerie impériale. — Le Pilori. — Affiliation
de Badinguet. — Les Aventures de Sabre-de-bois. 113 p ,
la plupart coloriées.

184 — Paris Garde national. — Souvenirs de la Commune.
— Communardiana. — Agonie de la Commune. — Paris
incendié. — Les Ruines de Paris. Ensemble 103 p. coloriées.

185 — La Commune ; portraits par P. Klenck et autres.
2 suites contenant ensemble 131 p. coloriées.

186 — Caricatures diverses. Environ 300 p. coloriées.

187 — Caricatures, Journaux, Placards. Environ 200 p. en
noir.

LITHOGRAPHIES ET GRAVURES
en lots.

188 — Lithographies par Charlet, Eug. Delacroix, Isabey,
Marlet, Cél. Nanteuil, H. Vernet, etc. 23 p., très belles
épreuves.

189 — Lithographies par et d'après Baron, Couture, Leys,
Marilhat, Mouilleron, etc. 26 p.

190 — Lithographies par et d'après Delacroix, Géricault, Gavarni, Millet, etc 16 p., très belles épreuves.

191 — Lithographies d'après J. Dupré, Français, Th. Rousseau, Troyon, etc. 12 p.

192 — Lithographies d'après G. Doré, Walker, etc. Grand
in-fol., 4 p.

193 — Lithographies par Blache, Em. Sulpis, Boutet, Frappa,
Lefèvre, Veber, etc. 11 p. la plupart sur chine et sur
japon.

194 — Lithographies par Géo, Petit Jean, Moreau-Nélaton.
5 p. avant la lettre, la plupart sur chine.

195 — Lithographies par Dulac, Gottlob, Duboismenant, etc.
11 p., dont plusieurs sur chine avant la lettre.

196 — Le Crayon ; pages lithographiques. 14 p. imprimées
en noir et en couleurs.

197 — Sujets de genre lithographiés. 23 p.

198 — Batailles et sujets relatifs à Napoléon 1er, in-fol. 11 p.

199 — Sujets de chasse. 21 p. en noir et coloriées.

200 — Etudes de chevaux, par Géricault, Carle Vernet et
autres. 28 p.

201 — Campagne de Crimée, 1854 : vues et batailles, grand in-fol. 22 p.

202 — Adresses lithographiées par Benoist. — Couvertures de livres et d'albums. 20 p.

203 — Lithographies et gravures diverses, in-fol. 33 p.

204 — Lithographies et gravures. Environ 60 p.

205 — Estampes au burin par divers graveurs, in-fol. 13 p. avant et avec la lettre.

206 — Portraits et gravures anciennes. 6 p.

207 — Gravures diverses. **21** p. avant et avec la lettre.

208 — Gravures diverses et lithographies. Environ 100 p.

209 — Eaux-fortes par Abot, Jacquet, Lefort, etc. 6 p. avant la lettre.

210 — Eaux-fortes par Greux, Oudart, Leterrier, Willmann. In-fol. 11 p. avant la lettre.

211 — Eaux-fortes par et d'après Henner, Los Rios, Leloir, Lalauze, Salmon, etc. 13 épr. d'artiste sur chine et sur japon.

212 — Eaux-fortes d'après différents artistes. 10 p. à l'eau-forte pure sur japon.

213 — Eaux-fortes par divers. **17** p. avant et avec la lettre.

214 - Eaux-fortes par divers. 36 p., quelques doubles.

215 — Vignettes modernes. **28** p. la plupart avant la lettre.

216 — Vignettes tirées de différents ouvrages. Environ 50 p. dont plusieurs épreuves d'essai.

217 — Héliogravures, grand in-fol. 6 p.

218 — Oiseaux, animaux, fleurs. Environ 100 p. coloriées.

219 — Un lot de bons portefeuilles.

www.ingramcontent.com/pod-product-compliance
Lightning Source LLC
LaVergne TN
LVHW011003180726
843502LV00007B/2310